人生無一事

Live each day to the fullest.

人生をつくる
70の言葉

エーデルワイス代表取締役会長
比屋根 毅

致知出版社

〈目　次〉

創業から五十年〜まえがきに代えて

◉世界を見たいという夢から洋菓子の世界へ

一九六六年三月二十九日、兵庫県尼崎市にある立花商店街の外れ、わずか七坪の小さな店舗でエーデルワイスは産声を上げた。銀行に日参して、ようやく借りることのできた二百七十万円で買い取った店舗だった。しかし、それでお金は尽きてしまい、お菓子作りに使うオーブンやミキサー、冷蔵庫などの備品は知り合いから譲り受けた中古品を自分で修理して使うことになった。お菓子を並べるショーウインドーも魚屋で使っていたものをもらってきて、臭いが取れるまで繰り返し洗って使った。厨房と売り場の間に間仕切りを立てるお金もなく、結果的にオープンキッチンの店ができあがった。

それから五十年――。二〇一六年の今年、弊社は創業五十周年を迎えた。これだけ長く続くとは、独立したときには全く考えていなかった。この五十年間、いろいろな出来事があったが、つくづくよい人生を送らせてもらったと感謝の気持ちでいっぱいである。

私は沖縄の石垣島で一九三七年に生まれ、十五歳のときに一人で島を離れた。その日は高校入試の日だったが、私は試験会場へ行って答案用紙を白紙で提出すると、そのまま港に行って牛馬を運ぶ博労船《ばくろうせん》に乗って那覇に渡ったのである。当時の私は、小さな島を出て広い世界で自分の可能性を試してみたい、無線通信士になって世界各国に行きたいという夢を持っていた。

那覇に着いた私は伯父のところにお世話になり、「ひよしや」という菓子屋でアルバイトをしながら夜間の通信学校に通って勉強をした。ところが、満を持して臨んだ通信士の試験に落ちてしまった。さすがに落胆したが、通信士になる夢を諦めることはできなかった。考えた末、本土に行ってもう一度チャレンジする決心をし、二年間暮らした那覇をあとにして、船で大阪に向かった。

大阪ではまず仕事口を探さなくてはということで職業安定所に通った。仕事は職安から紹介されたナイス食品という菓子店に決まった。無線通信の訓練校も見つかり、会社の許可を得て夜間に通えるようになった。

しかし、仕事は忙しく、作業が夜遅くまでかかることもしばしばで、学校になかなか通えなかった。ある日、ナイス食品の社長から「なんであんたは通信士になりたいんだ?」と聞かれた。私は「通信士になって世界中を回りたいんです」と答えた。すると社長は「お菓子の本場はヨーロッパだよ。お菓子屋になればヨーロッパにも行ける」と言ったのである。この言葉を聞いたとき、目の前が大きく開けたように感じた。

「そうか。菓子屋になればヨーロッパにも行けるのか。それなら通信士にこだわる必要はない。この仕事で身を立てればいい」

こうして私は菓子職人を目指すことになった。十七歳のときであった。

◉必死に学んだ修業時代からエーデルワイス創業まで

菓子職人になると決めてからは寝る間も惜しんで修業に励んだ。いつの頃からか「どうせなら日本一の洋菓子職人になろう」という大きな目標を抱くようになり、私の修業に拍車がかかった。それはやがて実を結び、私は近畿地区の洋菓子コンテストで十連勝を達成した。

ナイス食品で四年間働いたあと、次に尼崎の大賀製菓にお世話になることになった。大賀製菓は和菓子とキャンディーの製造販売をしていたが、新たに洋菓子部門をつくりたいということで、そのトップとして招聘《しょうへい》されたのである。ここでは、お菓子作りはもちろん、部下の育成にもあたった。

私は大賀製菓に入社する条件として、毎年仕事が暇になる七月から九月までの三か月間、全国各地の有名洋菓子店に修業に行くことを認めてもらっていた。この期間は大賀製菓からも修業先からも給料はもらわず、自分の貯めたお金を持ち出して修業に打ち込んだ。

こうした修業の成果が表れたのが、一九六五年四月に秋田で開かれた全国菓子大博覧会であった。私はお菓子で作った「大阪城天守閣」を出品し、「洋風工芸文化大賞」を受賞した。これによって自分の腕に自信を持つことができるようになった。

この菓子博の前年、お世話になっていた大賀製菓の大将が亡くなった。その後も私は有名店での修業を続けながら変わらず働いていたが、自分なりの店づくりのアイデアを抱いて店舗の改装を会社に提案した。ところが店を継いでいた大将の奥さんは「先々はこういう店をつくりたいとも思うけれど、お父ちゃんが亡くなったばかりだし、今は無理をして改装するつもりはない」と、乗り気ではなかった。

このとき、私は独立を決意した。「それならお暇をいただいてもいいですか」と私が言うと、奥さんは「応援するから」と快く背中を押してくれた。銀行を紹介してくれたのも、この奥さんだった。

このようにして私はエーデルワイスを創業した。隙間風がぴゅうぴゅうと吹き抜けるような安普請の店舗は思い描いていたものとはかけ離れていたが、ここから私は自分の理想とする菓子作りの第一歩をスタートさせた。

創業当初は仕事一筋の毎日だった。私は二十二歳で結婚し、一男一女をもうけていたが、たまの休みに家族で出かける先も大阪、神戸、京都の菓子屋めぐりであった。そんな生活にも家内は文句ひとつ言わなかった。これには今も感謝している。

創業から半年間はほとんどお菓子が売れず、一時は「もうだめだ。やめよう」と観念したこともあった。しかし、最後の最後、ありったけの材料でお菓子を作り、近所にただで配り歩いたのが起死回生の一策となった。その翌日、店のシャッターを叩く音で目を覚まして外に出てみると、お菓子を食べた人たちが集まっていて、「おいしかったから買いにきた」と言うのである。これがきっかけとなって、「エーデルワイスのお菓子はおいしい」という評判が口コミで広がり、遠方からもお客様が買いにきてくださるようになった。

一方で、独立した翌年の一九六七年から私は繰り返しヨーロッパへ修業に出かけるようになった。初年度はフランスのアトラス洋菓子研究所で本場の技術を学び、その翌年にはフランスパンの名店「ジャン・ジャック」でパン作りの技術を習得した。一九七四年には、かの名門「フォション」に入れてもらって勉強をした。

私はヨーロッパで学んだ新しい技術をエーデルワイスのお菓子に活かしていった。その結果、売上は飛躍的に伸びていった。創業から三年で株式会社に改組、六年目の一九七二年には現在本部センターとしている場所に新社屋を建てるまでに事業は拡張していった。

◉フランチャイズ・システムの成功と撤退、倒産の危機

その後、七〇年代には「エーデルワイス」のブランドで全国にフランチャイズ店を作り、その数は最盛期で百五十店を超えた。また、七八年には高級洋菓子の「アンテノール」、八二年にはフランスパン専門店の「ルビアン」という二つのブランドを創設し、そのチェーン展開を始めた。八三年には初めて東京にも進出した。

しかし、借入金に頼った無理な投資がたたり、バブル絶頂期に経営は債務超過に陥った。メインバンクからは追加融資を拒否された。間に立ってくださる方がいて、別の銀行から新規融資を受けることができたが、その代わりに繁盛していた「エーデルワイス」本店や一部の工場を売却して借入金の返済にあてなくてはならなかった。

だが、それからもいろいろな出来事があった。その中でもとくに大きな変化は

「エーデルワイス」ブランドで全国展開していたフランチャイズ店をすべて閉める決断をしたことだった。

八〇年代に入るとコンビニの時代が到来し、安価で新鮮なお菓子がいつでも買えるようになった。これを見た私は売上の大きな柱となっていた「エーデルワイス」ブランドのチェーン店をすべて閉鎖する決断をした。同じ大衆路線を志向しているコンビニにはかなわないと考えたのである。

このチェーン店の閉鎖には十年以上の時間と多大な費用をかけた。大きな経営判断であったが、この決断は間違っていなかった。「エーデルワイス」を閉める一方で、「アンテノール」と「ルビアン」が急成長した。また、ベルギー王室御用達の老舗菓子店「ヴィタメール」とも提携し、大きな売上をもたらすことになった。

現在は、これらのブランドに加え、フィナンシェやフレッシュケーキの「ノワ・ドゥ・ブール」、焼き菓子専門店「ビスキュイテリエ ブルトンヌ」といった新たなブランドを育てているところである。

こうして迎えた創業五十周年。この五十年の歩みの中で私が何を考え、どのように行動してきたのか、自戒も込めて振り返ってみたいと思う。

第一章

苦難に耐え、道を開く

【創業の原点】

1

自分自身を顧みることなく、
命懸けで何かに打ち込んでみる。
そうした体験が生きる力を育んでくれる。

私の生まれ育った石垣島は、青い海と青い空に囲まれた素晴らしい自然環境の中にある。少年時代の私は毎日、野性児さながらに海や野原を駆け回っていた。そうした野性的な生活が私の体を頑丈にしたのか、終戦の年に島で大発生し、数千人の島民の命を奪ったマラリアにも、ただ一人感染しなかった。

とにかくエネルギー旺盛で、喧嘩もよくやった。その頃の写真を見ると、私の顔には闘争心、負けん気がみなぎっている。私はいわゆるガキ大将だったから、周囲には子分がたくさん集まった。彼らを家の畑に連れていって芋掘りや草刈りを手伝わせたり、夏休みの宿題を振り分けてやらせたこともあった。相当な悪ガキであったことは認めざるを得ないが、弱い者いじめは決してしなかった。逆に、弱い者いじめをしている者を見つけたら、こっぴどく懲らしめていた。そのため、クラスのまとめ役として先生やクラスメートからの信頼は厚かった。

このガキ大将としての私の性質は菓子職人の道に進んでからも変わらなかった。まだ給料の安い頃でも、地方から出てきた後輩たちを集めては食事をふるまったり、空手を教えたりした。経営者になってからも、若い人たちの相談にはよく乗った。私の率直な性質を慕って集まってくる人も多いようだ。

子どもの頃から親しんだ空手も、私の性格形成に大きな影響を与えている。石垣島では空手が盛んで、子どもたちは皆、空手をやっていた。とりわけ比屋根家の祖先は琉球王朝に仕えた武道家の一族であったという歴史もあり、その血筋を受け継いだ私は六歳のときから空手を始め、島にいる空手の達人を訪ねては腕を磨いた。

こうして育まれた武道精神は、仕事にもずいぶん役立った。あわや倒産という危機を迎えたときもあったが、「命懸けで立ち向かえば必ず道は開ける」と信じて、決して諦めなかった。そうやって乗り越えてきた試練がいくつもある。

便利なものが何もない大自然に身を置いて、危険も顧みず自ら体験してきたことが私の礎になっている。今とは時代が違うとはいえ、時には、とくに若い頃には、自分自身を顧みず、命懸けで何かに打ち込むのも大事なのではないかと思う。そうした体験が生きる力を育んでくれるのだと私は信じている。

1966年3月29日、尼崎市の立花商店街の外れにオープンしたエーデルワイス。わずか7坪の小さな店舗から50年の歩みが始まった。

2

涙が溜まると目が開かなくなる。
この涙が私の原点である。

人間は悲しければ涙が出る。その涙をこらえたまま眠りにつくと、瞼に涙が溜まって開かなくなる――。

そんな体験をしたのは十七歳で沖縄から大阪に出てきた頃のことだ。

十五歳で無線通信士を目指して家を飛び出し沖縄本島に渡るとき、私は港まで見送りにきてくれた姉に「僕は今日からいないと思ってくれ。僕も親がいると思ったら寂しいから帰ってこない。十年間は手紙も出さないし、電話もしない」と言って船に飛び乗った。船が岸から離れていくとき、「まだこれくらいの距離なら泳いで岸に戻れるな」と思ったが、あっという間に泳いで帰れないくらい離れた。私は「こうなったら後戻りはできない。やるしかない」という覚悟を決めた。

沖縄では菓子屋でアルバイトをしながら夜間の通信学校に通ったが、試験に失敗。もう一度チャレンジしたいと、今度は大阪に渡った。洋菓子店に職を見つけ、夜間学校に通いながら働いた。当時は富山、石川、新潟あたりから冬になると出稼ぎの人たちが店に来ていた。その人たちはクリスマスケーキを作り終えると故郷に帰っていった。それを見送りながら、「帰りたいな」と思うこともあったが、「男として一度立てた誓いは破れない。意地でも帰るまい」と自分に言い聞かせた。

最初の一か月ぐらいは慣れない土地でホームシックにかかり、そのうえ沖縄出身者であるがゆえの激しい差別を受けるなど、辛いことが多かった。涙を見せないでおこうと思っても、夜、寝るときに自然と涙が出た。それでも涙をこらえて寝るのだが、夜中に眠ったまま泣いていたのだろう。朝起きると乾いた涙で瞼が開かなかった。そんなときは寮の共同洗面台まで這っていって目を洗うのである。

そのうち一計を案じて水を汲んだ洗面器とタオルを枕元に置いて寝るようになった。先輩が「おまえ、熱があるのか」と心配してくれたが、「夜中に熱が出るときがあるんです」と嘘をついてごまかした。

涙というのは流れている間はまだいい。涙が溜まると目が開かなくなるということをこのときに知った。本当に泣くというのはこういうものなのだなと感じた。この涙が私の原点といってもいいかもしれない。

日本一厳しいといわれていたトリアノン洋菓子店での修業時代（前列中央が著者）

3

悔しい思いが心に火をつけた。

「何がなんでも日本一、世界一になってみせるぞ」

という気持ちが湧き上がってきた。

沖縄から大阪に出てきた私はまず職業安定所に通って仕事探しをした。職安から紹介された会社に面接を受けに行ったとき、真っ先に言われた言葉が忘れられない。

「日本語は話せるのか？　ここでは英語は通じないよ」

当時まだアメリカの占領下にあった沖縄では、本土へ渡るのにパスポートが必要だった。内地の人は沖縄の人をまるで外国人のように扱い、沖縄出身というだけで差別を受けることさえあったのだ。そのため、こうした何気ない言葉にも、私の心は深く傷ついた。

そうした悔しい思いが私の心に火をつけた。

「よし、何がなんでも日本一になってやる。いや、世界一になってみせるぞ」

という気持ちがふつふつと湧き上がってきた。

洋菓子で身を立てる決心をしてからは、毎日仕事に追われながら、帰宅してからデコレーションの勉強をしたり洋菓子に関する洋書を自ら訳して読んだりした。ちゃぶ台の下に横たわってそのまま朝を迎えることもしょっちゅうだった。

4

まず体を鍛えろ、技術はその次だ。

大阪で私はナイス食品に四年間勤めた後、尼崎の大賀製菓に九年間お世話になった。大賀製菓では最初から洋菓子部門のトップとなり、部門の立ち上げから携わった。これは「超一流」の洋菓子職人を目指していた私にとって大きなチャンスとなった。私は人が休んでいる間も必死に勉強し、仕事一筋の生活を送った。また、夏場には全国の名人を訪ねて教えを乞うた。

仕事の合間には会社の屋上や公園で部下たちに空手を教えた。「まず体を鍛えろ、技術はその次だ」と考えたからである。いかに技術があっても、土台となる体が弱ければ夢は叶わない。お菓子作りは繊細な仕事である。筋力が必要だし、長時間、集中力を維持しなければならない。常日頃から万全の体調管理を心がける必要がある。だから、技術を磨き続けると同時に、体を鍛え、心を鍛えたのである。

それは八十近くになった今も変わらない。私は毎朝六時から自宅で二時間の運動をしてから出社する。ジムにも四十年以上ほぼ毎日通い、トレーナーの指導のもと健康管理をしている。それは自分に課せられた責任だと思っている。

5

諦めてはそこで終わりだ。
客が来なければ売りにいけばいい。
売れなければ配って歩けばいい。

一九六六年、多くの方の力を借りて私は独立を果たした。ところが、その半年後にいきなり窮地に追い込まれた。お菓子の味には絶対の自信があったが、全く売れないのである。何しろ立地が悪かった。店を構えたのは商店街の外れの畑の中のようなところで、人通りもまばらだった。

一日の売上のレシートが五、六枚という日が続いた。そこで「お客が来ないなら売りにいけばいい」と考えた私は、すぐに自転車に洋菓子を積んで売り歩いた。しかし、売上はなかなか伸びなかった。「これ以上は無理だ。もう店は閉めよう」。私はついに決断した。しかし、自慢のお菓子を誰にも食べてもらえないのは悔しい。そこで最後に、お菓子をただで配ってみようと思った。翌日、自転車にありったけのお菓子を積んで配って歩いた。そしてその夜、弟子たちと別れの杯を交わした。

翌朝、外に出てみると多くの人が店の前にいる。昨日のお菓子がおいしかったから、買いにきたのだという。捨て身の技が功を奏したのである。

あのとき諦めていたら今日のエーデルワイスはなかったであろう。

6

企業を成長させるのは「忍耐と信用」の積み重ねである。

弊社の社是は「忍耐と信用」である。

「忍耐」とはアルプスの厳しい環境で咲くエーデルワイスの花言葉だ。岩場で風雪に耐えながら健気に咲くその姿は、まさに「忍耐」そのものである。もう一つの「信用」を社是に選んだのは、プロ登山家の仕事ぶりや生きざまを範としたものである。ロープの縛り方から一歩一歩の足運びの確かさに至るまで、プロには絶対的な「信用」が要求される。

創業の際、「これからの人生にはいろいろなことがあるだろう。しかし、忍耐強く頑張っていれば必ず信用がついてくる。どんなに厳しくとも耐えて耐えて耐え抜いたところに本物が生まれる。そこに道が開けるはずだ」との一念から、私は社名をエーデルワイスとし、社是を「忍耐と信用」としたのである。

わがことながら、よくぞ「忍耐と信用」を社是に選んだものだと思う。

それから五十年。この社是のもと、これまで数々の苦難に耐え、何があろうと投げ出さなかった。それが今、信用という大きな力になっていると思う。

どんな木でも瞬間的に大木になるわけではない。年輪を重ねて成長していくのである。

企業の成長も同様で「忍耐と信用」の積み重ねであると私は信じる。

時代がいくら変わろうと、こうした物事の本質は変わらない。むしろその本質を突き詰めていくことが大事だと思うのである。

「忍耐強く頑張っていれば必ず信用がついてくる」との一念から社是とした自筆の書「忍耐と信用」

7

夢とは語るものである。
どうせ夢を語るなら大きいほうがいい。

私は独立して五年目頃から、「必ず百億円企業にする」と言い続けてきた。それを聞いた人々は誰も本気にせず、ただ笑っていた。

それも無理はない。当時、菓子業界で百億円企業は数えるほどしかなかったからである。

弊社の売上高が初めて百億円を超えたのは、「百億円企業」を口にするようになってから三十年ほど後の二〇〇二年のことだった。

夢とは語ってみるものである。しかもどうせ目標を掲げて夢を語るのなら大きいほうがいい。夢を語ったおかげで百億円企業の夢も達成できたのである。

とくにここ二十年来、私は社員に対して夢を語るようになった。そして、それがことごとく実現している。

8

試練とは「ここで自分なりにもう一度よく考えなさい」という警告である。

弊社はバブル絶頂期に経営不振に陥った。世の経営者たちが空前の好景気を謳歌しているときに債務超過に陥り、私は涙を呑んで本店や工場を売却して返済資金を工面した。創業店舗も閉鎖した。そのため、業界ではエーデルワイスは潰れたのではないかという噂もずいぶん立った。

だが、こうした経営危機のおかげで、私自身も社内の気分も引き締まった。今から考えれば、バブル期に資産を高値で処分できたのは大きかったし、これを機に「本当に良いものだけを作る」という菓子作りの原点を踏まえたビジネス展開に向けて舵を切ることもできた。

それ以後も試練はたびたび訪れたが、そのたびに私は「これは神様から与えられた試練だ。自分なりにもう一度考えてみなさいという警告だ。これを一つの契機にして自分を磨こう」と考えるようになった。そう考えれば、人に裏切られてもその人を恨むことなく前向きになれる。何かに失敗しても、それをバネにして成長できるのである。

9

一、敵をつくらない

一、人に裏切られても決して恨まない

創業から五十年、その道のりは決して平たんなものではなかった。

さまざまな苦労を乗り越える中、私が信条としてきたのが、「敵をつくらないこと」と「人に裏切られても決して恨まないこと」の二つであった。

たとえ同業他社であっても敵だと思ったことはない。また、人に裏切られたことは一度や二度では済まないが、それらはすべて自分にとっていい肥やしになったと思っている。

若い頃は数字に弱く、経理担当者や営業担当者にお金を持ち逃げされたこともあった。しかしそれを糧に一念発起して経理を猛勉強した。

人のせいにして恨むことは決してしなかった。むしろ、あの経理担当者が来てくれなかったら今の自分はなかっただろう。そういう意味では、勉強になったとさえ思っている。

こうしたプラス思考こそ、今日のエーデルワイスをつくり上げることのできた最大の要点かもしれない。

10

どんな困難にも逃げることなく、むしろ積極的に立ち向かう。

中学卒業後、すぐに石垣島から沖縄本島に渡って仕事を始めたため、私には学校で何かを学んだという記憶はほとんどない。菓子作りはもちろんのこと、経営に関しても多くの人の門を叩き、まさに実践で鍛えていったのだ。

菓子作りでいえば、ナイス食品の松波先生、トレッカの名取先生、トリアノンの安西先生、経営でいえばロイヤル株式会社創業者の江頭匡一《えがしらきょういち》氏、株式会社タカキベーカリー創業者の高木俊介氏、株式会社三井ハイテック創業者の三井孝昭氏など、数多くの方々のご指導を受けた。

教室で座って勉強するより実践の場ははるかに厳しい。数々の困難が私の前に立ちふさがってきた。しかし、どんな困難にも私は決して逃げることなく、むしろ積極的に立ち向かった。

それによって学校の教室で学ぶよりはるかに多くのことが、体の奥底にしみこんだといってもいいだろう。

11

喜びも悲しみも社員とともに分かち合う。

十五歳で故郷を飛び出したせいか、私は親子の触れ合いというものをあまり知らない。それで寂しい思いをした経験もある。そのせいか、とくに地方から来ている若い社員たちは、皆、わが子のように思えてならない。

私は、社員の身の回りに起こった喜びや悲しみに対し、励ましやねぎらいの言葉をかけることを常に心がけてきた。社員の家に不幸があれば真っ先に駆けつけて悲しみを分かち合う。祝い事についても、社員の誕生日には必ず本人に電話をするし、工場勤務の社員の誕生日には直接現場に行って「誕生日、おめでとう」と声をかける。

これらに限らず、私は日頃から社員との対話を大切にしている。それによって私の考えが社員に浸透し、社員も自由に提案できるという社風ができあがったと思っている。「皆の心が一つ」になっているためか、勤続年数の長い社員が多いのも、わが社の特長である。

永年勤続表彰　長年にわたってエーデルワイスを支えてくれた社員たちを表彰する。

第二章

常に本物を追求する

【仕事論】

12

仕事とは生きがいであり、喜びである。
自分を高め、やり遂げることで感動を味わい、
同時に他人に多くの感動を与えることができる。
仕事とは大きな夢を実現してくれる宝物である。

あなたにとって仕事とは何か、と聞かれることがある。

私にとって仕事とは生きがいであり、喜びである。

自分を高め、感動を味わい、同時に他人を感動させることができる。

そして何より、仕事によって自分の大きな夢を実現することができた。

だから仕事は私にとって宝物であり、人生そのものといってもいい。

私はこれまで仕事オンリーで生きてきた。「仕事が趣味」という表現が当たっているかもしれない。だとすれば、仕事は自分が吸収したあらゆるものを生かせる最上の趣味である。

今日に至るまで、仕事がつらいと思ったことは一度もない。仕事上でどんな困難にぶつかっても絶望したことは一度もない。

実際、これまで幾度も逆境に陥ったが、自分の仕事、自分の行くべき道を信じていた。だからどんなに苦しいときも流されず、ここまで到達できたのかもしれない。

13

寝る間を惜しんで勉強したが、
全く苦にならなかった。
楽しんで学ぶから、身につくのも早かった。

一九六七年に、私は初めてフランスへ修業の旅に出かけた。その翌年もフランスを訪れた。ヨーロッパのお菓子は日本のお菓子とは違っていた。「これを覚えて日本に帰れば、もの凄くいいものができるな」とワクワクした。基本は変わらないが、アレンジの仕方、感性がまるで違うのである。さすがに本場だと舌を巻いた。

私が修業をした「ジャン・ジャック」のオーナーには私より年下の息子がいた。彼は私を兄のように慕った。私も彼を弟のように可愛がった。その様子を見ていたのか、オーナーは私を息子のように扱ってくれた。

私は彼に連れられてあちこちのお菓子屋を回って歩いた。それが今の基礎になっている。毎日が勉強の日々、寝る間さえも惜しんで勉強をした。しかし、全く苦にならなかった。むしろいろいろな技術や知識が身についていくのが楽しくてしかたがなかった。楽しんで学ぶから、身につくのも早かったように思う。

現在、ヨーロッパの提携店に若手社員を積極的に送り込んでいるのも、こういう経験を若いうちに積ませたいからである。

14

昨日の延長線上で物事を考えてはいけない。常に最高の味を追求する。常に本物を作り続ける。それがプロの使命であり、職人魂というものだ。

私は毎日工場を回り、作ったばかりのお菓子を食べて味のチェックをする。その際に必ずアドバイスするのが、「昨日の延長線上で物事を考えてはいけない。今日は今日の味をしっかりつくり上げなさい」ということである。

日々最高の味を追求するのが職人の使命である。そうした「職人魂」を忘れてもらいたくないのである。

「職人魂」というと漠然とした言葉に聞こえるかもしれない。それは常に本物を作り続けようという気概である。それがエーデルワイスに受け継がれるＤＮＡだと思っている。

だから私は技術者たちに繰り返しこう言い聞かせている。

「妥協は絶対にするな。これでいいと思うな。味の世界にはこれでいいというものはない。常に最高の味を求めて努力してほしい」

これでいいと思った瞬間からそのお菓子は本物ではなくなる――。こうしたプロ意識を会社全体に浸透させていかなければならない。

15

本物を目指すのなら、諦めずに追い求めることだ。
どんな困難にも耐えて、決して妥協しないことだ。
常に精神を統一して、一つの道を貫き通すことだ。

本物とそうでないものの区別をするのはなかなか難しい。どこからが本物かといわれてもなかなか明確な線は引けない。
なぜ本物かと聞かれて、誰もが納得できる明快な答えを出せる人は少ないのではないか。おそらく過去の実績や世間の評価が基準となっているのだろう。

本物とはなんだろうか。私はこう思う。
何事であれ、諦めずに追い求めている間は本物なのだ、と。

どんな困難にも耐えて耐えて耐え抜く。そして絶対に妥協しない。妥協をしなければ、これでいいということがなくなる。さらに上を目指していくことになる。そうやって常に精神を統一し、決して気を抜かずに一つの道を貫き通したところから生まれるものが本物だと思うのである。

16

技術は一途に追い求めていくうちに
形になっていくものだ。
求めなければ新しい技術は決して生まれない。

新しい技術の開発は、結局のところ、数をこなすことに尽きる。妥協せずに一つのものをずっと追い求める。そうやって初めて一つの技術ができあがる。新商品の開発も同じで、そう簡単に新しいものができるわけではない。

そうやって追い求める中で偶然に生まれたものも多い。たとえば、チョコレートで立体的な形を作る技術もその一つ。連日夜中まで稽古をしていたが、すぐに形が崩れてしまう。ところが、ある朝起きると、偶然に固まって形になっているものがあった。それがヒントとなって、新しい技法が生まれたのである。

技術の開発には苦労が伴うが、私はそれを惜しみなく教えていく。それは社員教育の一環にもなっている。やってみせて、やらせてみる。実際に作ってみることによって自分たちにもできるんだとわかると、技術が身につくだけでなく、さらに工夫する意欲が湧いてくる。同時に、一緒になって一つの作品を完成させることで、それが喜びになり、自信にもつながるのである。

17

あら探しをするのではなく、
「学べるところはないか」と考えてみる。
すると必ず自らの成長につながる発見がある。

昨今は、わからないことがあっても、インターネットで検索をすれば苦労することなく答えが得られる。しかし、私はできるだけインターネットには頼らず、時間をかけて書物を読み、自らの問いへの答えを探すようにしている。

それとともに、人に会って話を真剣に聞く機会を持つことを大切にしている。真剣に耳を傾ければ、どんな人の話にも必ず学ぶべきものがある。また、直接聞くからこそ思いが伝わってきて、感銘を受けることも多い。

私自身が若い頃に心がけていて、今も職人によく言うのは、「よその店に見学に行きなさい。そして、その店のいいところを探しなさい」ということである。そうすると必ずどんな店にも学ぶところがある。

人間というのは、ともするとライバルのあら探しをしがちだが、相手を貶《おとし》めて満足しているようでは何も学べない。「何か学べるところはないか」「まねできるところはないか」という見方をするからこそ、自らの成長につながる発見がある。

18

流行《はや》る店と流行らない店の違いは何か。
それは店に主人の思いが
どれだけこもっているかだ。

流行っている店と流行っていない店があるとしたら、私は流行らない店に入ってみる。流行る店は理由が明快だからわかりやすい。一方の流行らない店にも流行らない原因があるのだが、ほとんどの人はそういう店は素通りしてしまう。だからこそ、あえて流行らない店に行って、そこにどんな原因があるのかを考えて勉強するのである。

流行る店と流行らない店は何が違うのか。それを一言で言うならば、ぬくもりがあるかないかだと思う。流行っている店は、どこかあたたかみがある。接客はもちろん、店先に打ち水をしていたり、小さなところにまで気配りが行き届いている。これに対して流行っていない店はどこか乾いている。

言い換えれば、それは仕事や商品への愛情の差だと思う。主人の思いがどれだけ店にこもっているか。その差によって、仕事への心構えもおのずと違ってくる。それがお客様にも伝わり、流行る店と流行らない店の差になっていると思うのである。

19

妥協するな。
厳しさの中にこそ自分自身の成長がある。

「妥協するな。厳しさの中にこそ自分自身の成長がある」

これは私が新任の店長などによく言う言葉である。そのあとにこう続ける。

「チャンスを生かせ。今、凄いチャンスを与えられているのだから、そこで自分を磨きなさい。そこで自分を鍛え上げたらあなた自身も大きく成長するから、辛抱して頑張ってほしい」


私自身、修業時代に大阪洋菓子協会の川村秀会長に「日本で一番厳しい洋菓子店を紹介してほしい」と頼み込み、その店に入れてもらって修業をした。それが東京青山にあった安西松夫先生のトリアノン洋菓子店である。

軍隊上がりの先生は口より手が先に出る昔気質の職人で、休みはほとんどなく、睡眠時間も一日三時間。入って二、三日で辞めていく人もたくさんいた。

先生にくらいつく私に、先生も目をかけてくださり、技術だけでなく商売の厳しさも叩き込んでいただいた。その教えが今日まで私を支えてくれたと思っている。

20

弓矢で星を射ち落とそうとしても届かないように
味の世界にも行き着くところはない。

二十代、三十代の頃の私は、何度もヨーロッパに渡り、名店の門を叩いて修業を重ねた。

しかし、その中にいくら望んでも容易に入り込めない店があった。それがフランスの老舗フォションであった。ようやくフォションのオーナーのボーリー氏に会えたのは、パリに行くようになって数年後のことだった。

初対面の私にボーリー氏は言った。

「フォションの由来を知っているか？」

「いえ、知りません」

「星を射ち落とす、という意味なんだ。弓矢で星を射ち落とそうとしても決して届かない。味の世界もどこまでいっても行き着くところはないということだ」

フランスが誇る高級食料品店のオーナーの言葉に感動し、体が震えたのを今も覚えている。

その感動を持って今も菓子作りを続けている。

21

日本人は自らの感性を信じ、発想力を高め、
その特性を生かした技術を磨くべきである。

エーデルワイスを世界に通用する洋菓子メーカーにしたいという思いから、私は若い頃より本場の技術を学ぼうと再三ヨーロッパの老舗菓子店に修業に出かけた。また、ベルギーのヴィタメールやドイツのハイネマンなど技術提携をした菓子店に若手社員を派遣して、本場の技を日本に導入してきた。

兵庫県洋菓子協会会長を務めていたときには、他社の社員も海外研修制度によってこれらの提携先に派遣していた。日本の洋菓子職人の底上げをはかることで、業界全体の技術レベルが向上・発展すると考えてのことである。

西洋の技術に日本人の繊細な味覚と器用な手先、独特の美意識などが結びついて、今日、洋菓子業界には若く素晴らしい腕前を持つパティシエが次々と現れ、活気を帯びている。彼らを見てパティシエになりたいという子どもたちも増えている。

今まで日本の洋菓子業界は西洋の技術を目標としてきたが、今や技術面でも日本が世界をリードする時代が到来しつつあるのである。

22

技術は決して一人のものではない。
次々に受け継がれて成長し、
伝統になり文化になるのだ。

菓子作りの技術を競い合う「菓子博」というものがある。菓子業界と行政が一体となって四年に一度開催される一大イベントである。和菓子、洋菓子を問わず、全国の菓子が一堂に会し、日本中の菓子職人が日頃の研鑽を披露する場になっている。

私も二十八歳のとき秋田で開かれた菓子博に出品した「大阪城天守閣」が「洋風工芸文化大賞」を受賞し、それがエーデルワイスを興すきっかけとなった。何事もチャレンジすれば実現できる。心からそう思い、初めて「独立しようか」「今度は自分の城を作ってみよう」という気持ちが芽生えてきたのである。

あれから四十三年後の平成二十年、姫路で開かれた菓子博に弊社は帆船「日本丸」を五十分の一に縮小したお菓子を出展した。制作にあたっては独立行政法人航海訓練所から日本丸の図面をお借りし、実際に船も見学させていただいた。それをもとに、ベテランから若手まで五十人あまりの菓子職人が毎晩仕事の後に集まり、約六十日間かけてつくった大作である。

もちろん私も最年長の職人としてその場に加わってアドバイスを送った。先輩から受け継いだ技術を後輩に伝えていくことは大きな喜びであった。

技術は一人だけのものではない。次々に受け継がれていくことによって成長し、それがやがて伝統・文化になると思うのである。

「姫路菓子博2008」に出品した「日本丸」の制作風景。長年培ってきた技術を後輩たちに伝える。

23

私たちは一人で勝手に生きているわけではなく、
連綿と続く歴史や文化の中で生きている。

ヨーロッパの人たちは先祖から受け継いだ伝統をとても大事にする。

ベルギー王室御用達の老舗、創業百年の歴史を誇るヴィタメール社の工場を視察した折、オーナーから特別に地下倉庫に案内していただき、洋酒に漬け込んだフルーツの樽を見せてもらったことがある。

ずいぶん古そうな樽だったので、このフルーツはいつ漬けたのかと聞くと、なんと五十年前だという。そして、今漬け込んでいるフルーツは五十年後に使うのだ、と。それがヴィタメールの味を守るということなのである。

後日、ヴィタメールのお嬢さんの結婚式に招かれた。そのとき、教会に向かう前に花嫁と家族が先祖のお墓に立ち寄って結婚の報告をするのを見て、とても感銘を受けた。

私の故郷・沖縄にもヨーロッパと同様に先祖や家族を大切にする伝統がある。私たちは一人で勝手に生きているわけではなく、連綿と続く歴史や文化の中で生きていることを忘れてはならない。

24

一日に何千、何万のお菓子を作ろうと、
お客様が召し上がるのはその中の一つ。
だから、絶対に気を抜いてはいけない。

弊社の全国の店舗には、多いときで一か月に百二十万人以上のお客様にご来店いただいている。これは大変な数であり、弊社の強みにもなっているが、逆に一つ間違えば大変な事態を招きかねない。

とくに衛生面には細心の注意を払い、決して間違いをおかしてはいけない。安心・安全は絶対条件である。お客様の命をお預かりしているという緊張感を常に持って仕事に当たらなくてはいけない。そういう危機感を抱きながら、どれだけきちんとした経営をしていくかが問われているのである。

もちろん味の追求にも決して手を抜いてはいけない。われわれは一日にお菓子を何千、あるいは何万と作る場合もあるが、お客様が召し上がられるのはそのうちの一個である。その一個を口にしたお客様に喜んでいただくことがわれわれに課せられた使命である。だから、絶対に気を抜いてはいけないのだと、社員たちに口うるさく言っている。

25

どんなときでも同じ姿勢で、
熱意を込めて一所懸命に――。
熱意を込めて仕事をすれば、
あらゆることに熱意がこもる。

私が大切にしてきたのは、「どんなときでも同じ姿勢で、熱意を込めて一所懸命に」ということである。たとえば講演を依頼されたとき、相手が千人でも十人でも変わりなく一所懸命に熱意を込めて話す。手紙を書くときも、どういう言葉を使えばいいか、こう書いたら相手にはどう伝わるだろうかと、あれこれ考えをめぐらす。

これは社外の方たちに対してだけでなく、社員に対しても同じである。新入社員に話をするときも、何をどのように話すかを一所懸命考えて、全エネルギーを注ぎ込んで話をする。

松下幸之助さんが京都の別荘に人を呼ばれるとき、一日前からそわそわして準備をされていたという話を読んだことがある。あれだけ偉大な経営者でも人をお招きするときにはそれだけの心配り、気配りをされるのかと感銘を受けると同時に、それが本当に大事なことなのだと共感した。

熱意を込めて仕事をしていれば、あらゆることに熱意がこもる。それが仕事を成功に導くもとになるのだと思う。

26

一所懸命やっていたら必ずいいことが起きる。
それを素直に信じてきた。

お菓子を作り始めて六十年以上になるが、つくづくいい職業についたものだなと神様に感謝している。

お菓子には人を喜ばせる力がある。感動を与える力がある。結婚式、誕生日、バレンタインデー、いろいろな場所でお菓子は人と人をつなぎ、微笑みを与える。そういうお菓子を作り続けてこられたことは、本当に幸せであったと思う。

この仕事を続けるにあたっては、運もたくさん与えてもらった。人との出会いもそうであるし、チャンスもうまく捉えることができたように思う。


私は一所懸命という言葉が大好きである。決して妥協せず、常に一所懸命、逆風にさらされても諦めずに自分の道を貫き通してきた。そして、一所懸命やっていたら必ずいいことが起きるんだということを素直に信じてきた。

それが私の人生哲学の一つである。本当に単純な哲学ではあるけれど、ここまで愚直に一直線にやってきたことは私の小さな誇りである。

ベルギー王室御用達の老舗洋菓子店ヴィタメールの２代目
アンリ・ヴィタメール夫妻、３代目ポール・ヴィタメール
とそのご令妹ミリアム・ヴィタメールとともに。

第三章

一歩一歩と前に進む

【経営論】

27

一、本業一筋に徹しているか
一、仕事に自分の全精力を注ぎこんでいるか

一九六六年のエーデルワイス創業以来、私は本業一筋に全精力を注ぎ込んできたと胸を張って言える。「忍耐と信用」を創業の精神とし、経営危機に陥ったときも、順調なときも、決して横道にそれることなく菓子一筋に徹してきた。

そしてエーデルワイスは「本物」を追求し、お客様に愛されるために「技術力」「挑戦する姿勢」「誠実さ」の三つを柱として掲げ、全社員に徹底してきた。それを守ってきたことが五十年続いてきた理由であると思う。

しかし経営は、いやすべての仕事は毎日が勝負である。いつも細い塀の上を歩いていて、一歩間違えれば落ちてしまうような厳しいものである。

だからこそ、いくらうまくいっても常に原点に照らして今を見ることを忘れてはならない。そして、何事においても妥協せず、徹底してやり通す。

それが創業以来の私の信条である。

28

経営者はいくつになっても、一所懸命に社員とともに歩む姿が一番美しい。

この五十年、さまざまな経営者の浮き沈みを目にしてきた。そういう姿を見ていて、いい仕事を何十年も続けている人と、途中で駄目にしてしまう人の間には、二つの歴然とした差があるように思う。

その二つの差とは何か。

第一に、事業に失敗する経営者は仕事に対する情熱が足りない。仕事よりむしろ遊びが中心になっているように見える。

第二に、自己中心というか、自分を裸にできないところがある。何かにつけて見栄を張り、格好をつける人は、根を張った商売を長く続けていくことができない。

こういう経営者は、何か事が起こると簡単に諦め、社員のことなど考えずに会社を放り出してしまう。

経営者はいくつになっても一所懸命に社員とともに歩む姿が一番美しい。また、そうすることで企業も永続するのではないかと思うのである。

29

壁は厚く、背負うものは重いほうがいい。

経営はこれでいいということはない。

常にチャレンジしていかなくてはならない。

本物を追求するためには、常に夢を持ち、自分自身が挑戦し、まずやってみる。

これが大切である。経営しかり、個人の成長しかりである。

しかし、経営にしても個人の成長にしても、決して一人で成し遂げられるものではない。だから私はいつも、「次はこんなことにチャレンジしたい」と全社員に語りかけ、全員で頑張ることを求めている。

同時に、挑戦している姿勢を温かく見守り、応援する。


どうせチャレンジするならぶつかる壁は大きいほうがいい。成長するためには、壁は厚く、背負うものは重いほうがいい。

真正面からぶつかって悪戦苦闘しながら乗り越える。そこで知った痛みは必ず将来の肥やしになる。乗り越えた壁が大きいほど、喜びも大きいものである。

30

うまくタイミングを捉えて
失敗を恐れずにチャレンジする。
そこに大きなチャンスが生まれてくる。

よくチャンスを捉えよ、といわれる。しかし、チャンスというものはそう簡単に捉えられるものではない。今までの人生を振り返ってみると、チャンスを捉えるにはタイミングが重要だと痛感する。うまくタイミングを捉えて、そこで失敗を恐れず全力でチャレンジすることによって、大きなチャンスが生まれてくるのである。

企業経営は攻めればいいというものではない。出るタイミングをじっくりと見計らって、時が来たと思えば一気《いっき》呵《か》成《せい》に出ていくことが大切なのだ。弊社でいえば、創業六年目の一九七一年、年商四億円の頃に総工費四億円をかけて新社屋を建てたときがそうであった。また一九八三年に初の東京進出を果たしたときもそうである。いずれも周囲からは無謀だと止められたが、私はこのタイミングしかないと思い、反対を押し切ってチャレンジしたのである。

結果的に、それは間違っていなかった。このチャレンジが大きなチャンスをもたらし、会社および社員の大きな成長につながったのである。

31

大事の前の小事。小さな問題を決して見逃すな。

人間、問題があるから知恵を出す。私は常日頃、「大事の前の小事」という言葉を大切にしている。小さな問題を見逃すなという言葉である。今は小さな問題であっても、それを放置しておくと必ず大問題に発展する。あるいは逆に、小さなチャンスだと思って見逃していると、大きなチャンスを逃す場合もある。だから常に「大事の前の小事」という意識を持たなければならない。

小さな問題を意識していると、トラブルにも早めに対処できるし、タイムリーにチャンスを捉えることもできる。言葉を変えると、「見えないものをどう見るか」ということ。目に見えるものは誰もが見ている。見えないものの中にこそ、大きな宝物が埋まっていると思うのである。

その宝物をつかむには何事も不可能だと考えないことだ。常に「不可能を可能にするにはどうすればいいのか」と考える。わからないことがあれば、わかる人に聞けばいい。自分にできなければ、できる人に頼めばいい。そうやって周囲の力を借りてやっているうちに、不可能に見えたことができるようになるのである。

32

失敗も成功もどちらも大切なものだ。
失敗と成功の中からノウハウが生まれてくる。

この五十年を振り返ると、「これは結構大きな失敗だったなぁ」と思うような失敗もしてきた。しかし企業が今日まで続いていることから考えると、それは決定的な失敗ではなく、次の成長の糧となったものだったと考えていいだろう。

失敗というものは企業の成熟とともになくなるかといえば、そうでもないようだ。最近もタイアップして出した店が失敗に終わったことがあった。その一方で、東京の百貨店に出店した「ノワ・ドゥ・ブール」、大阪の百貨店に出店した「ビスキュイテリエ ブルトンヌ」という店などは大きな成功を収めている。

いくら経験を積んでも、新しい試みがすべてうまくいくわけではない。大切なのは、たとえ失敗しても、それを経験として次の成功につなげていくことである。失敗をただの失敗で終わりにせず、「あの失敗があったから今がある」と言えるようにすればいいのである。

そのためには、失敗の原因をしっかり分析することが欠かせない。また、「こうしたらうまくいった」という成功体験を積み重ねることも大切だ。

企業経営には失敗も成功もどちらも必要なのである。失敗と成功の中から「こういうときにはこうすればいい」というノウハウが生まれてくるものだ。同時に、経験を積むごとに次の計画に慎重になる。弊社の五十年はまさにその繰り返しで、気がついてみると企業も人も成長してきたように思う。

いくら失敗をしても恐れることはない。ただ決定的な失敗をしなければいいだけである。

生涯現役で現場に立つ〝白衣を着た経営者〟

33

一つの作品を創り上げるには
真剣な議論が必要である。
魂が入らないと決していい作品にはならない。

二〇一一年二月末、東京の百貨店に「ノワ・ドゥ・ブール」という新ブランドの店舗を出すための会議が開かれた。この「ノワ・ドゥ・ブール」は出店先の百貨店とのコラボレーションで創ったブランドである。先方のバイヤーたちと弊社社長を中心とした東京の企画メンバーが会議を重ね、意見を出し合って、世界に例のない新しいイメージのフィナンシェを作ろうと燃えていた。

商品概要がおおよそ固まったところで最終的な会議となった。しかし、商品のイメージが私にはどうもしっくりこず、社長との間で大激論となった。私はやり直しを命じたが、すでに店はオープンを目前に控えており、これから根本的な変更をするのは不可能であるとのことだった。

「先方も承認しているし、東京のスタッフが一所懸命に考えて作り上げたものであり、それを今更取り下げることはできない」というのが社長の主張であった。

話し合いは平行線をたどった。ついに業を煮やした社長が「私はみんなで考えたことを貫くべきだと思う。もし受け入れられないのであれば、社長を降りてもいい」と申し出た。売り言葉に買い言葉で、私も「それなら辞めなさい。もう出ていきなさい」と言い放った。

するとそのとき、企画メンバーの社員たちが「自分たちも悪い。みんなで頑張るから社長を辞めさせないでください」と懇願してきたのである。

結果はどうなったか。社員たちの頑張りもあって「ノワ・ドゥ・ブール」は見事に成功した。進退をかけた激論によって店に魂が入った。それが成功の大きな要因であったと私は思っている。

一つの店舗であれ、一つのお菓子であれ、新しい作品を創り上げるにはとことん真剣な議論が必要である。そうしないとそこに魂が入らない。魂が入らなければ絶対にいい作品にはならない——私はそう信じている。

本部センターに展示されているお菓子の日本丸を見学に来た地域の子どもたちに説明をする。この中から日本のスイーツ業界を担う未来のパティシエが誕生するかもしれない。

34

経営は常に変化していく。
しかし、決して変わらないものもある。
感謝すること、夢を持つことがそれである。

経営というものは一生追求していかなくてはならないものである。私自身、五十年前と今とでは経営への考え方は全く違っている。多くの辛苦の経験を積み、あるいは成功を体験することによって、人間的力量は変化する。その変化に伴って、経営はどんどん変わってきたように思う。

ただ、一方で変わらないもの、変えてはいけないものもあるのではないかと思っている。たとえば、感謝。経営に一番大切なものは感謝を忘れないということだろう。感謝を忘れずに常に努力をする姿勢が経営者には欠かせないと思う。

また、常に夢を持つという気持ちも昔も今も変わらない。たとえその夢が実現できなくても、私は常に夢を持ち続けている。いつか実現させてみせるぞという気持ちで仕事を楽しみ、人生を楽しんでいる。

お金儲けだけを目的とし、苦痛に感じるような仕事ではなかなか長続きするものではない。夢を持ち、日々を楽しく、幸せを感じながら働く。それがとても大切なことだと思うのである。

35

人生には「うまくいかないこと」もまた必要である。

私が「アンテノール」をつくった理由の一つに、ある海外の有名ブランドとの提携話が流れてしまったことがあった。

私自身はそのブランドと数十年来の交流を持っていたが、ビジネスとしての話し合いはまとまらず、結果的にそのブランドは他社と提携することになった。

私は悔しかった。その悔しさがまた心に火をつけた。

「必ずそのブランド以上のものをつくってみせる」

そうした意気込みで立ち上げたのが「アンテノール」であった。

アンテノールという言葉は、ギリシア神話の知将に由来する言葉である。勇者が槍を持って戦いに挑む姿を象徴したロゴは、私自身がデザインした。

このデザインには「絶対に勝つ」という、私の思いが込められている。

今から思えば、提携の話が流れてしまったからこそ、「アンテノール」ができて、成功を収めることができたのだ。「雨降って地固まる」とか「禍を転じて福と為す」というが、「アンテノール」の成功はまさにそういうものだった。

36

企業も人もコツコツと、
一段一段しっかり踏みしめて上っていかなければ
本物にはなれない。

企業も人も「基礎」がしっかりしていなければ駄目である。偽装をして「基礎」をごまかすようなことは、絶対にやってはいけない。

基礎がしっかり固まっていないのに、無理な拡大路線をとって規模を膨らまそうとする会社もある。しっかり勉強して中身を満たすことを疎かにしているのに、外見ばかり気にする人もいる。こんなことにどんな意味があるのだろうかと疑問に思う。

私は、愚直ではあるがひたすら良いものを作ることをポリシーとして、お客様に感動を与え、心から喜んでもらいたいという一念で頑張ってきた。より良いものを作ろう、お客様を裏切ってはいけないという思いで実績を積み上げてきた。それは間違っていなかったと確信している。

結局のところ、企業も人もコツコツと、一段一段しっかり踏みしめて上っていかなければ本物にはなれないのである。エーデルワイスも五十年たってようやく基礎ができたと思っている。

37

愛社精神にあふれた社員がどれだけいるか
——それが企業の命運を握っている。

弊社の社員教育のポイントは〝競争〟である。同レベルの社員同士を常に並べて、よき仲間、よきライバルとして競争させる。切磋琢磨という言葉があるように、競い合うことで互いの能力は間違いなく伸びていく。鉄は熱いうちに打て、ともいう。若いうちこそ、大いに闘志を燃やし、しのぎを削ってもらいたいのである。

この競争の一環として技術者の海外研修制度を設け、毎年、若手技術者二名を選抜してヨーロッパの提携企業に一か月間派遣し、本場の技術を学ばせている。みんな、その枠に入り込もうと必死で勉強をする。そういう経験が技術者としての自信を培い、企業力を高めることにつながると私は考えている。

また、技術者として入社してくる者の中にはいずれ独立する者も多いので、経営者としての教育も惜しみなく行っている。独立するのなら成功してほしいし、エーデルワイスの出身であることを誇りに思ってほしいのである。

愛社精神にあふれた社員がどれだけいるか。それによって企業の成長力は大きく違ってくるものだと思う。

38

社員とともに生きる。
そこに経営者の大きな喜びがある。

私は朝、各事務所と工場を回って一言、二言、社員たちと話をする。「頑張っているか?」と聞くと、元気な声で「頑張っています」と返ってくる。その元気な声を聞くと気持ちが落ち着く。みんな今日も元気で頑張っているな、機械も順調に動いているな——そう思うとホッとするのである。

東京へも電話を入れて様子を聞くし、店舗に電話を入れることもある。私が風邪をひいたときには「会長、無理しないでください。健康に気をつけてください」と心配してくれる。私も誰かが体調を崩したと聞くと「無理するなよ」と声をかける。

わが社ではそういう言葉のやり取りが頻繁に行われている。社員と何でも言い合える関係を築けたことが私はとても嬉しい。どんな厳しい場面が来ても、この社員たちと一緒になってやれば乗り越えることができると思う。

みんなと苦労を分かち合いながら、会社が少しずつ成長していく。社員とともに自分が生きているという実感がある。そこに経営者としての大きな喜びがある。

39

幹部になる人はいつも生き生きとしていて「この人に頼んだらなんでもやるな」という〝いい顔〟をしていなければならない。

幹部になる人は、何よりも〝いい顔〟をしていなくてはならない。〝いい顔〟というのは、いつも生き生きとしていて、「この人に頼んだらなんでもやるな」というような顔である。その顔は一所懸命に仕事をしているうちにできあがるものだ。

そういう人は自分が頑張っているから、部下にも「一所懸命やれよ」と厳しく言える。自分は遊んでいるのに部下に何か言っても説得力は生まれない。


また、幹部は連携プレーができなくてはいけない。幹部に抜擢されるくらいだから、みんな能力も経験も持っている。大切なのは、幹部同士が連携して、自分自身を犠牲にしてでも部下を引き上げ、育てる能力があるかどうかである。

もしも自分の能力が不足していると感じたならば、個人でなんとかしようとするのではなくて、足りない部分を周りにいる者たちに説明し、時には説得をして協力を仰ぐ。個人の能力ではなく、全体の総合力で勝負しようとする器量があるかどうか。これが幹部には大切であると思うのである。

40

社会貢献に企業規模は関係ない。どんな企業にも、その特色を生かした貢献のしかたがある。

新工場を建設する際に地域への貢献を目標に掲げ、新しい取り組みを始めた。その一つは、洋菓子の歴史を紹介する〝エーデルワイス・ミュージアム〟の一般公開である。ミュージアムには、お菓子の本場ヨーロッパでも数少ない伝統的な製菓・製パン器具や資料、美術品、古書など五千点近いコレクションを展示して、ヨーロッパの菓子文化や歴史に触れることができるようになっている。

また、地域の小学校にパティシエが出掛けて出張ケーキ教室を実施している。パティシエの技を目の当たりにした子どもたちは目を輝かせ、未来の夢に「パティシエになること」を挙げる子たちもたくさん出てきた。彼らが日本の洋菓子界を引っ張ってくれるようになることを私も楽しみにしている。

現在の取り組みを発展させ、お菓子のテーマパークをつくったり、地元の食材を使った料理を出すレストランを併設したりして、地域の人たちと一緒に町づくりをしていきたいという夢も描いている。また、少人数制のプロのための学校をつくるという構想も持っている。われわれにできる社会貢献を積極的に進めていきたい。

41

経営者には
アーティスティックな感覚が求められる。
時代を読み、その流れを感じとる力がなければ、
なかなかチャンスはつかめない。

経営とは、人、物、金、時間、情報を総合してつくり上げる芸術である。だから経営者には、アーティスティックな感覚が求められるのではないか。お菓子作りには当然センスが必要だが、経営にもある程度の芸術的なセンス、感性が求められる。時代を読み取り、情報を的確にキャッチする力がなければ、事業を継続していくことはなかなか難しい。運を呼び込むこともできないだろうし、人を引き付けることもできないだろう。

そうした感性を磨くために、経営者は常に人の集まるところに行かなくてはいけない。人の集まるところに出向いて、時代の空気を読まなくてはいけない。それを怠っていると、絶好のチャンスも見逃してしまう。

チャンスはいつやって来るかわからない。せっかく目の前にチャンスがやって来たのに、それに気づかなければ意味がない。だからできるだけ行動範囲を広げて、いろいろなものに触れ、人に接して、嗅覚を磨く必要がある。何気なく行ったところで非常にいい人や情報に出合うということはよくあることである。

42

状況の変化を機敏に察知して、
今、何をすべきかを決断する。
これこそが経営者にとって最も重要なことである。

私は経営者であると同時に技術者であるから、本当においしいお菓子を作り、お客様に安心して食べていただきたいという気持ちを常に持っている。もしも私が職人でなかったとしたら、大きな工場を建てて、大量生産・大量消費のビジネスを目指していたかもしれない。

わが社もかつては「エーデルワイス」のブランドでフランチャイズ・システムをとっていた。全国に百五十店ほどの「エーデルワイス」加盟店があった。しかし、そのすべてを一九九一年から二〇〇二年まで十二年かけて閉鎖した。フランチャイズ・システムでは納得できる本物のお菓子を提供できないとわかったからだ。

当時、たまたま加盟店に挨拶に行くと、賞味期限の切れかかった商品を売っている店があった。別の店は、他社のお菓子やおかきを並べて、売れるものはなんでも売ろうという節操のない売り方をしていた。お菓子作りに命を懸けてきた私としては、見逃すことのできない事態だった。

本物は裏切らない。最高の作品を作り、それを最高の状態で提供したい。そうすればどこの菓子メーカーにも負けないはずだという信念を持っていた私は、このままではわが社に未来はないと確信した。だからすぐにフランチャイズ店をすべて閉める決断をしたのである。攻める決断ではなく、引く決断であった。

私の決断に面食らったのは営業担当である。前日までは「どんどんフランチャイズを増やせ」と言っていたのに、突然、「フランチャイズはやめだ。すべて閉める」と言ったのだから、驚くのも当然だ。営業担当は私に食ってかかってきた。「正気ですか、ほんとですか」と繰り返し聞くので、「本気も本気だ。大体経営者というのは一日にして変わるもんだ」と言って閉店を命じたのである。

私は「断」という字が好きである。状況の変化を機敏に察知して、今、何をすべきかを決断する。これこそが経営者にとって最も重要なことであると考えている。このフランチャイズを閉めるという決断は、今にして思うと本当にいい判断であったと思う。あの決断があったから、今があると思うのである。

第四章

人を育て、自らを鼓舞する

【修養論】

43

自分が一流であると思った時点で
一流ではなくなる。
努力を怠らないためにも、
「超一流」を目指すべきである。

一流とか二流とかいう。一流と二流の違いは何かと言えば、一流というのは少しぐらい頑張っても入れない、一所懸命頑張らないと、その仲間に入れないというレベルである。簡単に入れるようであれば、それは一流とは言わない。

また、一所懸命努力をして一流になったとしても、そこであぐらをかいていて努力を怠れば、一流でい続けることはできない。自分が一流だと思った時点で一流ではなくなる。明日には二流、三流になってしまう場合もあるだろう。

一流の座にずっと留まっていたいと思うのなら、ただの一日も努力を怠らず、常に上を目指さなくてはならない。一流を超えた、ここ一番で必ず力を発揮できるような「超一流」を目標とすべきであろう。

常に「自分はまだまだだ」と自戒して努力を続けていく。そのために、一流ではなく「超一流」を目指すのである。一流のさらにその上にまで到達しようと思えば、ありきたりの努力では足りない。一切の妥協は禁物である。自分の身を粉にしてでも絶対に遂げるという強い意志がなくてはいけない。

44

競争心をあおり、負けじ魂に火をつける。

店長たちの講習会があると、私は自らの経営哲学を熱っぽく語りかけている。

「妥協するな！　厳しさの中にこそ自分自身の成長がある。チャンスを生かせ！

今、あなたは凄いチャンスを与えられたのだから、そこで自分を磨きなさい。なかなか数字の上がらない店は、そこで自分を鍛え上げたら、自分自身が大きく成長すると思って、今は辛抱して頑張ってほしい」

叱咤激励を受けた店長たちは発奮して努力するようになり、当初六十点ぐらいの能力しかなかった若い店長でも百点になり、百二十点にまで伸びていく。

するとこの間まで百点の能力にあぐらをかいていた先輩店長たちは焦り始める。

「あいつ、やるじゃないか。負けていられないぞ」と。

競争心をあおられ、負けじ魂に火がついて、頑張るようになるのである。このようなプラスの連鎖が起こると、全体のレベルはみるみる上がっていく。

一人で頑張るよりも競争することだ。競争することによって、成長のスピードも上がっていくのである。

45

ポジションを与えて負けじ魂に火をつける。
それが人の潜在能力を引き出すのだ。

負けじ魂に火がつくと人はどんどん成長していく。そんな成長を期待して、敢えて実力よりも少し上のポジションを与えて、責任を持たせることもある。本人も試されていると思うと期待に応えようと、いつも以上に頑張り始める。そのとき、「なにくそっ」という負けじ魂が頭をもたげるのである。

そうやって成果が挙がれば、それに見合った報酬を出すこともまた大切だ。それによってさらに意欲が出てくるものだ。

人は実力以上のポジションを与えられると、ポジションに合った働きをしようと努力をする。その結果、大きな力を発揮するようになるのである。つまりポジションがその人の能力を引き出していくのだ。

誰もが自分でさえ気がつかない潜在能力を持っている。それを引き出すためにポジションを与えるのである。成長するのを待ってから見合ったポジションにつける必要は全くない。与えれば伸びていくのである。

46

一人ひとりに目を向け、一対一で声をかけてやれば、人は必ず育つ。

人を育てるときには、ポジションにつけるだけでなく、常に叱咤激励することも大切だ。

私の場合は三か月に一度くらい新任の店長たちを集め、

「君はできる。やれたじゃないか」

「さあ、今こそ君のチャンスなんだ。もっと頑張ろう」

などと声をかけてきた。

そして目標を達成したときには、

「やったじゃないか。ここで満足せずもっと上を目指そう」

と顔を見ながら肩を叩いてやるのである。

大切なのは一人ひとりに目を向けることだ。一対一で声をかけてやれば、人は意気に感じ、必ず育つものである。

47

まずは部下をとことん好きになることだ。

人を育てるのはとても難しい。とくに菓子を作る現場の人間は口先だけでは動かない。しかし、人が育たなくては、会社は成り立っていかない。

では、どうすればいいのか。

私が人材育成を考えるときに基本としているのは、〝その人を好きになる〟ということだ。その人に惚れ、一生をともにする、死ぬまで付き合っていくんだという意識を強く持つのである。

人材育成においても中途半端はいけない。とことん部下を好きになってみることだ。すると、その気持ちは必ず伝わっていくものだ。

そのおかげか、四十年以上も前にエーデルワイスを辞めた社員たちが今でも訪ねて来てくれる。うれしい限りだ。

48

採用する人の親御さんには必ず手紙を出す。
「今日からお子さんをお預かりします。
わが子と思って育てますから、
どうぞご安心ください」と。

経営者として五十年、いろいろな社員を見てきた。全社員に成長してもらいたいと思うのは経営者の願望だが、実際は期待通りに伸びてくる社員ばかりではない。途中で伸びが止まってしまう者もいれば、なかなか伸びてこない者もいる。けれども、伸びている社員、伸びていない社員がいて、企業というものはうまくバランスが取れているのかなとも思うのである。

仕事はできなくても根っから明るい性格で、その場のムードを高めてくれる社員もいる。よく見れば、誰でもどこかに必ずいいものを持っている。そういう社員に愛情を注いでやると、本人も喜ぶし、本人以上に親御さんが喜んでくれる。

私は採用する人の親御さんには必ず手紙を出す。「今日からお子さんをお預かりします。わが子と思って育てますから、どうぞご安心ください」と。すると親御さんも安心してくださる。

心と心でつながり合うことによって企業は発展していく。社員を疎かに扱うような真似は決してしてはいけないと思っている。

49

あなたは今日一日、何かいいことをしましたか？

三十代の初め、私はパリ六区にある「ジャン・ジャック」という有名店に住み込みで修業をした。ここでは夕食前にいつも必ず、

「あなたは今日一日、何かいいことをしましたか？」

と聞かれた。この問いに答えられないと、食事をさせてもらえないのである。

お菓子作りには人柄が出る。心を磨かなければいいお菓子を作れないというのが、「ジャン・ジャック」のオーナーの考えだった。

これによって小さな気配り、心配りが習慣となった。私は夕方マルシェ（市場）に行き、重い荷物を車に運ぼうとするおばあちゃんを手伝い、目が不自由な人がいれば手をとって案内した。いつしか力のない人、弱い人たちに目配りすることが当たり前になっていた。

私は入社式で必ずこの話をする。そして、「通勤の途中にでも困っている人がいたら必ず手を貸してあげてほしい。そのためにたとえ出勤が遅れてもかまわない」と言う。お菓子作りだけでなく仕事にも必ず人柄が出る、と信じるからである。

50

いいことをするとすべて自分に返ってくる。

「ジャン・ジャック」で修業をしている頃には、日曜日には必ず教会に連れていかれた。教会ではみんなで声をそろえて唱和をしていたが、言葉がわからないから全く理解できなかった。あとで聞くと「いいことをするとすべて自分に返ってくる」というようなことをみんなで唱えていたのだと教えてくれた。

ヨーロッパの人たちは、「いいことをする」ということが徹底している。私もそれでずいぶん助けられた。鎖骨を折って病院に四十日間も通院したことがあった。このときは荷物を持ってタクシー乗り場まで歩こうとしたら、見知らぬお母さんが「ムッシュ、うちの子に荷物を持たせてください」と声をかけてくれて、その息子さんが荷物を運んでくれた。タクシーに乗れば、今度は運転手さんが私の包帯姿を見て「車が揺れるが大丈夫か」と心配してくれた。

ヨーロッパには心の豊かさや弱者に対する思いやりが文化として根付いていると感じた出来事だった。この若き日の体験が私に心の大切さを教えてくれた。それが仕事にも生きている。ヨーロッパの人たちには感謝するしかない。

51

言葉は通じなくても心は通じる。
人は心と心でつながっているのだ。

初めてヨーロッパに行ったときは言葉が全く通じなかった。しかし、言葉は通じなくとも心は通じるという体験を何度もした。とくに職人の仕事は目で見て盗むことができるから、言葉がわからなくてもそれほど不自由することはない。こちらの熱意が伝われば、向こうも真剣に教えてくれる。

ただ、仕事だけではなく、日常生活でも思いやりを随分感じた。困っていれば必ず手を貸してくれるし、信頼を得ると、とことん信じてくれるのである。

あるとき、こんなことがあった。私はスペインとポルトガルに旅行に行く予定だったが、イギリスのヒースロー空港で盗難にあった。そのときには気づかず、スペインに着いてトランクを開けたら、中に入れておいたお金がすべてなくなっていたのである。

仕方なく旅行は中止にして、そのままフランスに行き、「ジャン・ジャック」のオーナーに盗難に遭ったことを話し、お金を貸してほしいと頼んだ。オーナーは「いくら必要だ?」と私に聞き、私が必要な額を告げて借用書を渡すと、それを破り捨てて、「こんなものは必要ない。あなたはわが子も同然じゃないか」と快くお金を貸してくれたのである。

　またあるとき、修業中に高熱を出して二日ほど寝込んだことがあった。薬も飲んだが、なかなか熱が下がらない。するとマダムは二日目の夜に、大きな茶碗にスープを作ってくれて私に飲ませてくれた。そして一晩中そばにいて、パジャマや下着が汗で濡れると体を拭いてくれ、何回も取り換えてくれた。

　そんなことは実の親にもしてもらったことがなかったから、恥ずかしかった。私がそう告げると「わが子なのになんで恥ずかしいんだ」と言われた。この献身的な看病のおかげで、熱は三日目に無事に下がった。

　こういう海外での経験は、今思い出しても涙が出るぐらいありがたかった。人のやさしさが身にしみた。人間は心と心でつながっていることを実感した出来事だった。この体験はそれから後の私の人との付き合い方に大きな影響を与えることになったのである。

パリでの修業時代（向かって左端がジャン・
ジャック氏、右端がルビアン・ミッシェル氏）

52

言い訳も妥協もしてはいけない。
苦しくて、しんどいと思うときこそ
一番伸びるときだ。

言い訳は大嫌いである。できなかったらできないでいい。やるだけやって失敗したら、それでいいではないか。無理に言い訳をする必要はない。

しかし、やりもしないで理屈ばかり言う人は駄目だ。私が幹部によく話すのは、「常に妥協するな。ここ一番、今が大切だ。今が最高のチャンスなんだ」ということである。厳しいときこそがチャンス。今は景気がよくないと皆が言うならば、「今こそわが社の出番だよ」と言うのである。

同業他社も業績が上がっていないから、わが社の業績が上がらないのは仕方ないというのは言い訳であり、妥協である。壁にぶつかったときこそがチャンス。一所懸命やっているからこそ、壁にもぶつかるのである。

ただし、もう一歩の所まで行ったときに、最後の一歩を踏み越えるには大きなエネルギーがいる。だから、これでいいと油断しないことである。苦しくて、しんどいと思うときこそ一番伸びるときだと自分に言い聞かせて、必死で力を振り絞らなくてはいけない。

53

若いときにはあえて困難な道を選ぶ。
それも大切な経験である。

とくに若いときには、他人のつくってくれた歩きやすい道ばかりを歩くのではなく、時には道なき道を自分で切り拓きながら進むことも必要なのではないだろうか。苦労はするだろうが、それも大切な経験である。

自分の思うようにならないことを、「生まれてきた時代が悪かった」と諦めるのは簡単なことである。しかし、それではみすみす自分の可能性に自分で蓋をするようなものだ。

どんな時代であっても、そのときだからこそできることが必ずある。だから、自分に何ができるのか、どんな夢なら実現できるのかをよく考えてほしい。そして、その夢に向かって人の何倍も努力してほしい。

そうすれば必ず、後悔の少ない、充実した人生を送れるはずだ。

54

挑戦によって人は成長する。
態度が変わり、目の輝きが変わる。

私は、社員全員が幸せになるという夢を実現させることが自分の大きな仕事だと思っている。そのために常に社員たちと夢を語り合う。不可能に思えることでも、それを可能にするにはどうすればいいか、と問いかけて徹底的に意見を出し合っていく。そこから斬新なアイデアが生まれてくることが多々ある。

そしてあえて荷が重いと思える仕事に挑戦させる。挑戦によって人は成長するものだ。本人は気づかなくても、傍で見ていると、その変化には目を瞠《みは》るものがある。態度が変わり、目の輝きが変わる。

時には苦しみを味わう場合もあるだろうが、必ず壁を乗り越えて成長してくれるものと期待している。

人は短期間では育たないが、忍耐強く努力を続ければ必ず伸びる。人材育成には最低十年必要である。事実、弊社には十年を超えて大きな花を咲かせた社員が数多くいる。そんな社員の成長は私にとって最大の楽しみであり、喜びである。

55

志を持続する上で大切なのは夢を具体的な形にして見せること

弊社は洋菓子の技術者集団たることを信条としている。そのため、職人たちには常に高い目標を抱くように求め、鼓舞し続けてきた。「日本一の職人、いや、世界一の職人になろう！」と声をかけ、「こういう店をつくろう、こういう工場を作ろう」と、かつて自分が夢見たことを語りかけてきた。

志を持続する上で大切なのは、夢として語ったことを具体的な形にして見せることである。そう考えた私は、海外の老舗菓子店との技術提携やブランド提携を早くから実践し、理想の洋菓子作りを極めるために経営面での努力を続けた。

また、海外とのネットワークを活かして、毎年、ヨーロッパの洋菓子店に若手技術者を派遣してきた。目的は単に技術を学ぶことだけではない。他国の文化や歴史に触れて、人間としても成長してほしいという願いを込めている。

海外研修でさまざまな経験を積んだ職人たちは、新しい技術や発想を還元してくれる。それによって弊社の技術力は一層高まった。彼らの姿を見て、自分も海外で勉強してみたいという若手技術者のやる気にも火をつけることになった。

56

諦めずにこつこつと努力すれば必ず道は拓《ひら》ける。

昨今の若者たちは〝草食系〟と呼ばれ、出世欲や物欲が少なくなっているという話を聞く。普通に生活ができればそれでいい、と思っているというのである。

時代が違うと言われればそれまでだが、かつての日本人はそうではなかった。私は八歳のときに終戦を迎え、戦後の物不足の中で育った。三度の食事にも事欠くようなこともあり、まず何よりも生きることに必死だった。カエルや蛇やセミを捕まえて食べたこともあった。

広い世界に飛び出したいという夢を抱いて十五歳で島を出たが、現実は厳しく、たびたび困難にぶつかった。しかし、そのたびに、これは神様が与えてくれた試練なのだと自分に言い聞かせ、何事もポジティブに考え、チャレンジ精神を失わず、自分を鼓舞し続けた。それによって少しずつ道が拓けていったように思う。

困難や失敗を乗り越えると自信が芽生え、そこから不思議な力が湧いてくる。そんなことを私はこれまでの人生で学んだ。

57

神様への祈りは毎朝欠かさない。祈れば必ず神様は応えてくれる。

一九八三年に東京に初進出したとき、江東区の富岡八幡宮の隣に東京工場を設立した。この場所を選んだのは、神社の隣で神が宿るような気がしたからだ。

東京のスタッフは毎朝五時に起きて富岡八幡宮に出向き、神前で手を合わせて、「成功させてください、成功させてください」と祈った。そしてそのあと、広い境内を掃除してから仕事を始めた。

そのご利益があったのか、誰もが危惧していた東京進出は成功を遂げた。八幡宮の宮司さんもとてもよくしてくださって、いまだにお付き合いがある。

特定の宗教を信奉しているわけではないが、お菓子の神様というものがおられると私は信じている。毎朝出社したら必ず屋上にあるお稲荷《いなり》さんに役員全員で行って、お賽銭を入れて今日一日の無事を神様にお祈りする。

すると心が洗われて、「さぁ、今日も一日頑張るぞ」という気持ちになる。いいアイデアが出ないときにはミュージアムの道具の前で祈ったりもする。真剣に祈れば必ずお菓子の神様が応えてくれると信じている。

58

「自分は非常にいい星の下に生まれている」と信じ込むことによって運命は変えることができる。

人間には生まれたときからどうにもできない運命的なものがあると思う。しかし、それが絶対変えられないかといえば、変えられないこともないのではないかとも思う。

運命を変えるにはどうすればいいのか。それにはまず、どんなマイナスであってもプラスに考えることだ。何事も絶対的なプラス思考で考え、常に「自分は非常にいい星の下に生まれている」と信じ込むことである。このプラスの自己暗示は非常に大事だと思う。

私は、将来に必ずいいことがあるというイメージを常に持っている。そして、その具体的な場面を思い浮かべるようにしている。一年後にはこういういいことが必ず起こっているという場面をありありと思い描くのである。いつもプラス思考でいるためには、嫌なこと、不安なことは絶対に考えないことだ。世の中にはマイナス思考の持ち主も少なからずいるが、そういう人は敬して遠ざけるようにしている。そうすればストレスもたまらないし、いつも喜んで明るくいることができる。

59

人間は義理と人情をなくしたら終わりである。

人を育てようとするならば、本人の幸福のみならず、その家族を大切にすることを忘れてはいけない。そんな思いから、創業当初から毎年、私の誕生日にパーティーを開き、職人とその家族を招待するようになった。

そのパーティーには、エーデルワイスから巣立ち、独立していった職人たちも駆けつけてくれる。

職人の世界には非情な一面がある。入門当初、弟子はひたすら忍従と我慢を求められる。それゆえ、いったん独立すると過去の恩義をすべて忘れ、やりたい放題に突っ走ってしまう者もいる。

しかし、私の弟子たちは全員、こうした催し物があるときは駆けつけてくれて、忙しい中、一所懸命に手伝いをしてくれる。ありがたいことだと思っている。

古い考え方かもしれないが、人間、義理と人情をなくしたら終わりである。だから弟子たちが独立すれば、援助は惜しまない。私のささやかな誇りは、独立した数十人の弟子たちが全員成功していることである。

1994年、名古屋のデパートで開かれたベルギーフェアに
来日されたベルギー王国フィリップ皇太子（当時）と。

第五章

また新たな一日が始まる

【人生論】

60 人生無一事
じんせい む いち じ

人生無一事――これは私の書道の師である徳島陽堂先生から教わった言葉である。「何もないところから一日が始まる」という意味だと私は解釈している。

昨日どんなに嫌なこと辛いことがあってもそれを引きずらない。逆にいいことがあってもいつまでもそれに浸《ひた》っていないで、気を引き締めて今日をまた頑張る。日々新たにということである。

これまでどんなことにも妥協せず、常に全力投球で仕事をし、生きてきた。何事もいったん始めると徹底するのは私の性分である。

時には失敗もする。いや、振り返ってみるといいときよりも厳しいときのほうが長かった。

大切なことは失敗を恐れずに挑戦することだ。挑戦がなくなれば進歩もなくなる。だからこそ「人生無一事」、たとえ失敗しても、また新たな一日を歩き出せばいいのである。

61

今日を最高の一日にするために、しっかりとした準備をする。

今日は今日、明日は明日。明日のことは明日考えればいいのではないか。それよりも、今日一日にどれだけ全力投球できるかが大事である。

そのような一日を過ごすためには、しっかりとした準備が必要になる。私であれば、毎朝六時に起きて、出社前に運動をして体調を整えるところから一日が始まる。仕事への集中力を維持するためには、常日頃から万全の体調管理を心がける必要があると考えるからである。

体調のコントロールは自分の年齢も考慮しなければならない。だから、睡眠も十分にとるように心がけている。食事も栄養のバランスを考えて食べているし、喫煙など健康に悪いとされていることは一切しないようにしている。

また、会社へ行けばお稲荷さんに手を合わせ、社員のみんなに感謝を込めることも日課になっている。

毎日を最高の一日にするという思いで生きている。今日一日、絶対に手を抜かなければ、たとえ失敗をしてもそれでいいと考えている。

62

何もないことほど強いものはない。

この世の中にはわからないことがたくさんある。それを知ろうとする努力は大事だが、あまり知りすぎてもいけないのではないかと思うこともある。知りすぎて逆に苦しむことが人間にはある。また、わかりすぎると味気なく感じたりもする。

私は「断」という字とともに「無」という字がとても好きだ。すべては何もないところから始まる。無から有が生まれる。この無を有にするにはどうしたらいいのかと考えると、「まずこれを始めてみよう」と決心するところから始まる。最初はゼロである。何もないことほど強いものはない。

名が売れて箔がついてくると、人間は自らの立場を意識するようになる。そこに虚栄心が生まれ、失敗につながる場合もある。

逆に、ぎりぎりまで追い詰められて「もうどうなってもいい」という心境になったときに、結果を気にせず、相手と正面切って話ができるようになったりもする。これが無の心境というものだろう。振り返れば、こうした心境になってピンチを乗り切ったことも幾度となくある。

63

人生というのは人との出会いである。出会いの中から自分の血肉となる経験が得られ、自分というものが育っていく。

十五歳のときに石垣島を出て今日まで、実に多くの出会いがあった。初めてお菓子と出合った那覇の「ひよしや」の人たちをはじめ、大阪のナイス食品や大賀製菓の人たち、そして日本全国の菓子作りの名匠やヨーロッパの菓子職人たちには職人としての技術を学んだ。さらに多くの先輩経営者の皆さんからは経営者としてのいろはを教えていただいた。もちろん従業員やその家族との出会いもある。

何よりありがたかったのは、苦言を呈してくれる人との出会いが多かったことだ。また困ったときにタイミングよく素晴らしい人と出会った。そうした方たちのアドバイスによって、方向を間違わず、慢心せず、常に向上心を持つことができた。

私はこうした数え切れないほどの出会いの一つひとつを大切にしてきた。その結果、今の会社があり、私が存在する。

人生というのは人との出会いであり、その出会いの中から自分の血肉となる経験が得られ、自分というものが育っていく。

これは会社も同じである。仮に誰かが会社の足を引っ張るような不利益を働いたとしても、考え方ひとつでそれは反面教師となって会社を成長させる良い経験に変わる。まさにものは考えようである。マイナスに見える出来事でも考え方ひとつ、捉え方ひとつでプラスに置き換えることができる。私はそのようにしてやってきた。


時代時代にいろいろなことが起こる。これまでもそうだったし、これからもそうだろう。大切なのは、不測の事態が起こったときに慌てず焦らず、マイナスをプラスに転換する方法を学び、じっと我慢して力を貯えることである。

そのたびに会社は強くなり、人もまた大きく成長できる。それを実感としてわかったことが、この五十年の最も大きな財産ではなかったかと思う。さまざまな人から受けたご恩に応えるためにも、これからも会社をしっかりと守らなくてはならない。それが私の責務であると心して、気を引き締めて経営に当たる日々である。

社員たちとの懇親会。多くの人との出会いによって今日のエーデルワイスが築かれた。

64

人は信じなくてはいけない。
しかし、安易に信じすぎてもいけない。

この五十年を振り返ると、この人に出会ったから今があると思うことも多い。人とのかかわりの中で失敗したことも少なからずある。決定的な失敗こそしなかったが、いろいろな失敗をした。

こうした失敗から学んだことはたくさんある。私が第一に心がけたのは、失敗を人のせいにしないということである。騙されたのは自分自身の能力が足りなかったからだと思うようにした。事実そうだったのだ。

その一方で、こうした経験から人付き合いについて思うこともあった。それは「基本的に人は信じなければならないけれども、安易に信じすぎてもいけない」ということである。人を心から信じるには時間がかかるし、相性もある。

しかし時には、神様の引き合わせのように思う出会いもあった。そういう人たちと出会ったときは、神様が遣わしてくれたのだと思うことにしている。

65

「いい顔」とは、
その人の誠実さや芯の強さ、信念といった
心の奥にあるものが表れた顔である。

若い頃の私は人を見る目がなかった。振り返ってみると、私が騙された相手は、皆そろって人相がよくなかった。ところが、年齢も八十を迎え、独立して五十年も経つと、人の顔には何か共通点があることがわかってきた。

だから人材採用の面接のときにも、その人が「いい顔」をしているかどうかに私は注目している。もちろん、この場合の「いい顔」とは、造作やその場を取り繕うかりそめの笑顔などではない。その人の誠実さや芯の強さ、信念といった心の奥にあるものが表れた顔である。

ちょっとした顔の変化で相手の人間性がわかることも少なくない。どんなときでも優しい表情を絶やさない人は、やはり心も優しくて大きく、どこまでいっても思いやりがある。そんな人たちを見習い、人に騙されても絶対に人を騙さず、一生涯真面目にまっすぐ生きていきたいと思う。

66

失敗することは恥ではない。貴重な経験であると捉えたい。

突き詰めれば、人生は自分との闘いである。だから、自分でやると決めたことは逃げずに実行しなければならない。これは経営者としてだけでなく、一人間としても大切な姿勢だと思う。

私はどんなに苦しいときにも後ろを向かず、失敗を恐れずに挑戦し続けてきた。そして失敗に学び、次に生かしてきた。だからこそ今日があると思っている。

「エーデルワイス」のチェーン店を閉めるとき、私は自らの足でフランチャイズ加盟各店にお詫びに出向いた。また社員たちにも「これは僕の失敗だ。君たちの責任ではない」と責任を明確にし、息子に社長職を譲り、会長職に退いた。自らが礎を築いたチェーンの火を絶やすのはつらい決断だったが、あのときはそうするしかなかったのである。

失敗することは恥ではない。貴重な経験であると捉えたい。それを糧にすることによって、人も会社も強くなる。艱難辛苦は人間を成長させ、人生を素晴らしいものにしてくれる――私はそう考えている。

67

人間、時には開き直ることが大事である。開き直ったときに目に見えない力が出てくる。

「エーデルワイス」のブランドで展開していたフランチャイズ店をすべて閉めるという決断の裏にあったのは、新しくつくり上げたブランド「アンテノール」の成長だった。当時は「アンテノール」一店舗の売上が「エーデルワイス」二十店舗に匹敵していた。そのため「アンテノール」を一店舗出すごとに「エーデルワイス」二十店舗をクローズすれば、全社の売上規模を維持できるという読みがあった。

それと同時に、どうせゼロから出発したのだから、万一会社がなくなったとしてもまたゼロからスタートすればいいという開き直りの気持ちもあった。ある意味、非常に無責任に思える開き直りが、決断の原動力になっていたように思う。

何事をするにも開き直ったときに、思いもよらない力が出てくるようだ。だからこそ、人間、時には開き直ることも大事だと思うのである。

たとえば、大勢の前で挨拶をするというときに、「よーし、今日はいい挨拶をしてみんなを感動させてやろう」と思ったら、ろくな話にはならない。「ここはもう恥をかくつもりで、自分をさらけ出して挨拶しよう」と開き直ったときに、意外にいい挨拶ができるものである。経験的に言うと、肩に力が入ってしまうとつい格好つけてしまい、あまりいい結果にはならないようである。

私はかつて、ある日本を代表する偉大な経営者から「恥をかくことを恐れるな」と教えられたが、これはまさに金言であった。「エーデルワイス」を閉めるという決断をし、最も繁盛していた店舗と創業の店を閉めたとき、周りにいた人たちは私が経営に失敗したと思ったようだ。指をさして笑っていた人もいた。しかし私は、「笑いたいやつには笑わせておけばいい」と割り切って、計画を遂行した。

確かに一つのブランドをなくすという決断には勇気が必要だったが、何事であれ大きな決断をするときには、誰に笑われようが、後ろ指をさされようが、ぶれることなく、自らの責任で決然として実行していくことが大切なのではないだろうか。

京都の伏見稲荷大社　奉納した鳥居の前で

68

大きな夢を描き、
この世に不可能はないという精神で、
諦めずに一所懸命頑張っていれば、
必ず誰かが認めてくれる。

エーデルワイス創業から五十年。この五十年は日本の洋菓子業界の歴史と軌を一にしていると言っても過言ではない。日本には先祖代々続いている老舗の和菓子屋はいくつもあるが、創業者一代で五十年続いた洋菓子メーカーは少ないように思う。これは私の誇りでもある。

私は菓子業界に身を投じてから六十年以上になるが、言葉通り「この道一筋」で生きてきた。脇目は一切振らなかった。常に大きな夢を描きながら、その夢を実現するために諦めずに突っ走ってきた。

その結果わかったことがある。それは、一所懸命やっていれば必ず誰かが認めてくれる、ということである。遠くから私の仕事ぶりを見ていてくださった方たちが、苦しいときに助けてくれた。また、的確なアドバイスをいただいたことも数多い。

一所懸命頑張っていれば必ず得られるものがある。それは今も私の信念となっている。

69

社員やその家族が誇りを持てるような
会社にしていくこと。
これは私が思い描いている夢の一つである。

私のような者がよくここまで来られたものだと、毎日のように思う。そして、こうなれたことに日々感謝をしている。お客様に感謝し、お取引先に感謝し、社員に感謝する。あるいは、お菓子の神様に感謝し、自分自身の健康にも感謝する。そこに甘えが入る余地はない。自分一人の力で成し遂げたというような気持ちは寸分もない。ただ、今日を人生最高の一日にするんだという強い思いのみがある。

今回創業五十周年を迎えるにあたって、今まで以上に社会的な要請にしっかり応えていかなければならないという、企業人として、あるいは一個人としての責任を重く感じている。これはただ私一人の話ではない。エーデルワイスという企業に集う社員、これから入ってくる社員とも共有しなくてはいけない思いである。

この五十年かけて築いてきたものを自分たちも継いでいこうと思うような会社にしなければならない。また、自分の両親がエーデルワイスに勤めていることを子どもたちが誇りに思い、自分たちもそこで働きたいと思ってくれるような企業にしていきたい。これは私が思い描いている夢の一つである。

70

五十年経って、やっと根が生えた。
花咲くのはこれからだ。

五十年が経過して、社外の方たちからは「エーデルワイスは一流の会社になりましたね。ブランドを確立しましたね」とお褒めいただくことがある。しかし、正直なところ、私は全くそう思っていない。五十年経って、ようやくしっかりした根が生えたところだと感じている。

ここに来るまでにはいろいろな苦難があった。その分、太い根が張り、茎にも節がいくつもできて、会社は強くなったように思う。

花が咲くのはこれからである。ぜひとも立派な花を咲かせたい。世の中の役に立つ会社にならなくてはならないのはもちろんだが、頑張っている社員が報いられる会社にしなくてはいけない。

全社員が「この会社に入って本当によかった」と思い、退職されたOBの方たちが「あの会社で働いてきたんだ」と誇りを持てるような会社にしなくてはいけないと思っている。

エーデルワイス・ミュージアムの設立にご協力いただいた
平田栄三郎氏（右）とヨハン・ヴァン・オプロイ氏

未来に向けて新たな一歩を踏み出す～あとがきに代えて

◉過去から未来へ洋菓子の文化を伝えていく

郷里を離れて六十三年、菓子一筋に歩んできた。初めて本土にやってきたとき、沖縄はまだアメリカ軍の占領下にあった。そういう時代から幾多の困難を乗り越え、今日までやってこられた。素晴らしい指導者や良い社員に出会い、助けられてきた。

菓子業界には何百年も続いている老舗もある。そうした会社に比べれば、創業五十年は若いといえば若い。しかし、五十年の月日を経て今日があることも確かである。そう考えると五十年という節目は大切にしなくてはならないものだと思う。この時期に、これから先の方向性をしっかりと定め、体質強化を図っていきたい。常に本物の味を追求し、妥協することなく物づくりを続け、むやみに拡大路線に走るのではなく、会社としてしっかりとした経営基盤を確立して新たな未来に向かっていきたいと思う。

こうした方針のもと、今日のようにめまぐるしく変化していく社会環境にあって最も大切になってくるのが人材教育であろう。単に人を増やすだけではなく、個々の社員の能力をさらに高めて、変化の激しいグローバルな社会の要請に臨機応変に対応していくことが不可欠になるだろう。

すでにいくつかの新たな試みも始めている。その一つが体に優しいお菓子の開発である。現在、大手菓子メーカーとタイアップして、健康をテーマとした商品開発を行っている。近年、チョコレートが認知症に効果があるとの研究結果が明らかになり、美容や健康にもいいというデータも出ている。これは菓子業界にとって非常に嬉しい話である。この機をとらえて健康に寄与するお菓子の開発に積極的に取り組み、また高齢化社会に対応した商品の開発も構想している。

それと関連して、和の素材を生かした日本ならではの洋菓子ができないものかと考えている。洋菓子はヨーロッパ起源であるため、素材も当たり前のように洋のものを使う。そこに和の要素を取り入れて、日本生まれの新しい洋菓子を世界に発信していきたいと思うのである。

この着想のきっかけとなったのは、故郷の沖縄に店を出して沖縄の素材を使ったお菓子を作ったことである。なかなか面白い味ができるなという感じがした。そこから閃《ひらめ》いて和と洋の素材の融合に本格的に取り組んでみようと考えるようになった。

こうした未来に向けての試みとは逆に、エーデルワイス・ミュージアムを本格的に活用して、伝統的な菓子文化を次世代に伝えていくことも目指していきたい。ミュージアムには何百年も前のレシピやクッキーの型などが残っている。それらを使って昔のお菓子を再現し、ヨーロッパに伝わる菓子文化を日本の皆さんにも知っていただければと思っている。ミュージアムには古いクッキーの缶なども展示されているが、そういうレトロなデザインを生かして再現した昔のお菓子を販売することも考えている。

私は六十年間、洋菓子を作り続けているが、菓子作りの基本は何も変わらない。ヨーロッパの歴史を見ても大きな違いはない。不易流行というが、ここで今一度、変えてはいけないものは絶対変えないというヨーロッパの頑固なまでの伝統の味を守る必要があるのではないかと思っている。その一方で、変えていかなければならないものは変えていくという柔軟な考え方も取り入れる必要がある。食べ物であるから安全・安心が求められるのは当然である。そういう部分には常にスピーディーに対応し、新たなチャレンジをしていきたい。

◉「おいしいお菓子で笑顔をつくる」という社会貢献を目指す

創業五十年を期して、私は地域貢献の意味も込めて郷里の沖縄に店を出そうという計画を温めていた。それが昨年、一年前倒しの四十九年目に実現した。沖縄本島に初出店し、現在、三店舗を展開している。この沖縄への出店を皮切りに、今後は台湾、シンガポールといったアジア地域に展開することを計画している。

また、私どもがジョイントしているベルギーの老舗洋菓子店「ヴィタメール」に情報拠点を置いて、フランスをはじめとするヨーロッパ諸国に「ヴィタメール」ブランド、あるいは弊社で独自に育ててきたブランドを展開することも考えている。これから日本の洋菓子の実力を世界中に発信していきたいと思うのである。

身近な地域貢献活動としては、エーデルワイス本社のある尼崎商工会議所が主催する「スーパースイーツ」というイベントをプロデュースしている。また近隣の小学校に出張してケーキ教室を開いたり、食育の指導などの活動も積極的に行っている。

ゆくゆくは自社で菓子職人を養成する教育機関をつくるという構想もある。国や県にも協力していただき、技術と心を兼ね備えた将来の日本のスイーツ業界を担うリーダーを育てていこうというものである。

フランスでは菓子職人を目指す人たちのためにMOF（国家最優秀職人章）をはじめとする六種類の資格があるし、ドイツにはマイスターという資格がある。日本でも最終的にはこれと同じような国レベルの資格制度を設けて菓子職人のレベルアップを図りたいという夢を持っている。ただし、そこに行くまでには時間も必要だろう。急ぐことなく、まずは自社だけでも十人、二十人という少人数の生徒を募り、プロのためのプロの学校をつくりたいと考えている。

お菓子というのは夢を売るものである。お菓子を作る側も夢を持ちながら日々の仕事に打ち込まなくてはいけない。私はかつて弟子たちに「誕生日のケーキを作ったら、それをお客様のところまで自分で運びなさい。そして、お客様の笑顔を見てきなさい」と言ったことがある。お菓子を食べるときは笑顔があふれる。そういう笑顔をつくるのが菓子職人という仕事の原点である。その実感を得るために、お客様のところへ行きなさいと言ったのである。

五十年を期して、そういう笑顔がさらに広がる場を提供できる店づくり、商品づくりをしていきたい。それがわれわれのできる第一の社会貢献なのではないかと思っている。この五十年間で日本人の生活はどんどん豊かになってきたが、今は何もかもが急ぎすぎて、ゆとりがなくなっているような気がする。よい音楽を聴きながら、おいしいお菓子を食べながら、友人や家族とゆっくりと過ごす、そんな時間や空間の提供ができればと考えている。

拡大一辺倒ではなく、むしろ地域社会に貢献し、業界の発展に貢献できるような会社を目指したいと思う。

◉世のため社会のために、また社員のために役立つ会社へ

創業時に四歳の息子と二歳の娘が、店先でお客様の呼び込みをしてくれた。そして、その息子が成長して幸いにも社長を引き継ぎ、会社を引っ張ってくれている。これは私にとっては大変嬉しいことである。また、若い社員もたくさん育ってきている。

弊社の若手社員はみんな心のつながりを大切にしてくれている。このような若い

社員たちが協力し、これまでの五十年間の思いを共有して、新しい時代を築き上げてもらいたいと思うのである。

多くの人に助けてもらいながら五十周年を迎えることができた。これは私の一番の財産であり、喜びである。そして、これがトータルな意味でのエーデルワイス・ブランドなのではないかと思うこともある。

自分自身もさらに健康に気をつけて、これからも社長の横で、創業者として、経営者として、一日でも長く会社の成長を見守りたい。そして、世のために、また社員のために、役立つような会社にしていきたい。将来に向けて大きな夢を抱きながら、日々成長する会社にしていきたいと思う。

現在エーデルワイスに所属している人たち、これから入社してくる人たち、あるいはまだ見ぬ私の子孫たちにもエーデルワイスのDNAが受け継がれていって、これからも百年二百年と続いていくような会社になることを切に願っている。

東洋の古典『詩経』にこういう言葉がある。

「初めあらざるなし。

克《よ》く終わりある鮮《すくな》し」

何事でも初めはともかくもやっていくが、それを終わりまで全うする者は少ない、という意味である。

十五歳で菓子作りの道に入り、二十九歳で独立、その道を六十五年一筋に貫いてきた我が人生に心から感謝したいと思う。

なお、エーデルワイス・ミュージアムの開設にあたっては菓子文化資料室主幹の平田栄三郎氏に、同コレクションにあたっては、ベルギーの収集家・オプロイご兄弟（ヨハン・ヴァン・オプロイ氏、ジャック・ヴァン・オプロイ氏）に大変お世話になった。この場を借りて厚く御礼申し上げたい。

平成二十八年八月吉日

比屋根毅

〈著者紹介〉

比屋根毅（ひやね・つよし）

昭和１２年沖縄県生まれ。４１年兵庫県尼崎市でエーデルワイスを創業し、平成１４年から会長。現在はアンテノール、ル ビアン、ヴィタメールなど７つのブランドを展開している。国内外のコンテスト受賞歴多数、洋菓子業界の発展に尽くし、スイーツ業界の父といわれる。旭日双光章、レオポルド２世勲章コマンドール章（ベルギー王国）。石垣市民栄誉賞受賞。兵庫県洋菓子協会会長、日本洋菓子協会連合会副会長などを歴任。現在、尼崎商工会議所副会頭を務める。

人生《じんせい》無《む》一《いち》事《じ》

平成二十八年九月　一　日第一刷発行
平成二十八年九月十五日第二刷発行

著　者　比屋根　毅

発行者　藤尾　秀昭

発行所　致知出版社
〒150-0001　東京都渋谷区神宮前四の二十四の九
TEL（〇三）三七九六―二一一一

印刷・製本　中央精版印刷

ISBN978-4-8009-1122-3 C0034
ホームページ　http://www.chichi.co.jp
Ｅメール　books@chichi.co.jp